META BENE

UEBER LIEBE

LAPPAN

HUI!

LASS UNS GEMEINSAM ZEIT VERBRENNEN, ALS WAER'S NUR GELD.
OH, RUEDIGER.

KOMM, WIR WERFEN FRAGEN AUF!
AUF WEN?

ICH WEISS NOCH, WIE WIR UNS ZUM ERSTEN MAL BEGENETEN.
DAS WAR VOR ZWEI SEKUNDEN.
DU WARST SO SCHLAGFERTIG.

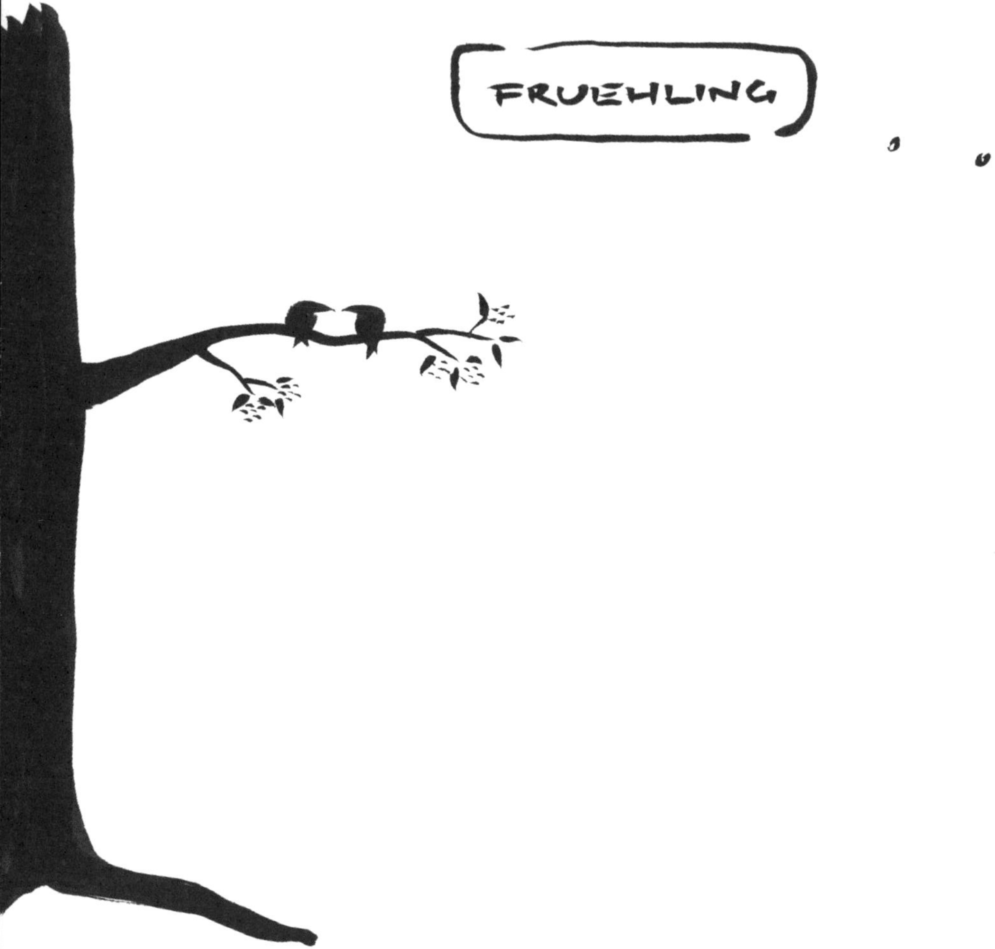
FRUEHLING

LAESST WIEDER FLATTERN

DURCH DIE LUEFTE

SEINE FALSCHEN VERSPRECHUNGEN.

STELL DIR VOR, WIR HAETTEN BEINE!
WIR KOENNTEN UNS VERLAUFEN.

ICH DACHTE, VERENA WOLLTE NICHTS FESTES.
DESHALB IST SIE JETZT MIT SO EINEM LAPPEN ZUSAMMEN.

SEIN ZWITSCHERN IST FURCHTBAR.
ABER ICH MAG DEN AST, AUF DEM ER SITZT.

WENN WAHRE LIEBE BEDINGUNGSLOS IST, IST BEDINGUNGSLO-SIGKEIT DANN IHRE BEDINGUNG?
UNBEDINGT.

ICH BIN ANDERS ALS DIE ANDEREN.
WIE SIND DIE ANDEREN?
UNTERSCHIEDLICH.

ICH KENNE DA EINE GEMUETLICHE OEKOLOGISCHE NISCHE.

IN DIR SCHLUMMERT EINE MENGE POTENZIAL.
WOHER WEISST DU?
ES SCHNARCHT.

ER SCHAUT SCHON WIEDER DEN EISLAEUFERINNEN ZU.

SIE SPRECHEN MIR AUS DER SEELE.
PARDON.

DIE LIEBE IST EIN SELTSAMES SPIEL.
WIE SCHACH.
NUR OHNE WUERFEL.

NUR WEIL WIR NICHT FLIEGEN KOENNEN, HEISST DAS NICHT, DASS WIR NICHT VOEGELN SOLLTEN.

KIRSCHEN ESSEN MIT MIR? MANCHE SAGEN: GUT. MANCHE SAGEN: NICHT GUT. MANCHE SAGEN: HAENGT VON DEN KIRSCHEN AB.

MANCHMAL FUEHLE ICH MICH WIE EIN KOMET.
ABER ICH SCHWEIFE AB.

WIE VIEL ICH KENNT MAN VON SICH?
UND WIE VIEL DU KOMMT DAZU?

DU VERSTEHST MICH EINFACH NICHT.
ABER ICH LIEBE DEN KLANG DEINER WORTE.

STATT ZU SINGEN, KOENNTE ICH DOCH SCHOEN FUER SIE NOERGELN, MARIE-CLAIRE.

WAER ICH DU, ICH SCHAUTE MIR BEIM DU-SEIN ZU.

NIEMAND KANN UNS TRENNEN.
WEIL UNS NUR EINE SILBE HAT.

MIR KOMMT ES MEHR AUF INNERE WERTE AN.
FINDEST DU MICH INNERLICH FETT?

KEINER VERSTEHT MICH!
DANN SPRICH LAUTER.

WO WAERST DU GERNE?
MIT GANZEM HERZEN BEI VERSTAND.

ICH MOECHTE DICH MEINER FAMILIE VOR-STELLEN.

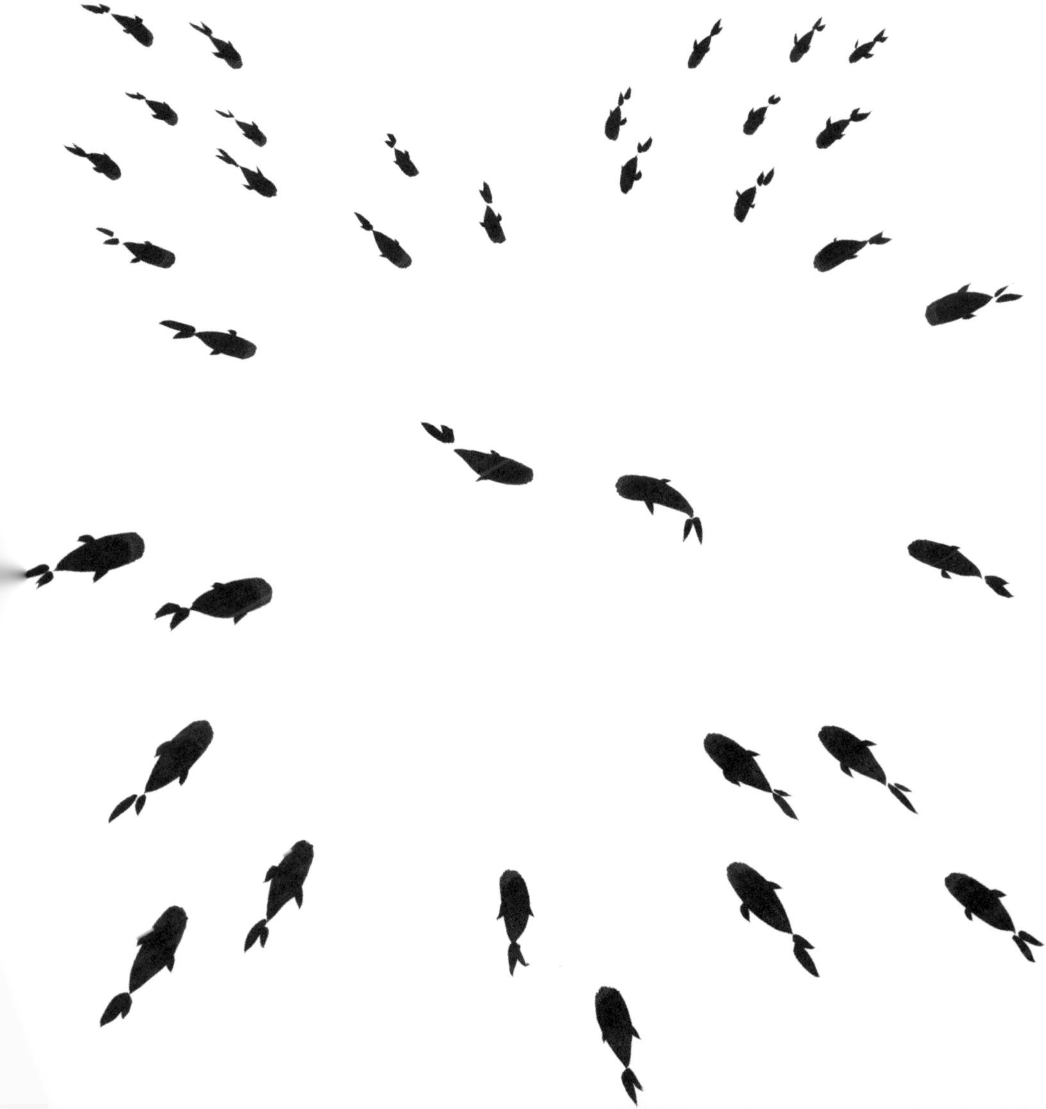

UNVERGESSLICHE MOMENTE.
KENNSTE EINEN, KENNSTE ALLE.

DEINE PLAENE BELEIDIGEN MEIN IMPROVISATIONSTALENT.

ICH WIEDERHOLE MICH UNGERN.
SAGTEST DU BEREITS.

ALL YOU NEED IS LOVE.
AND ALL YOU GOT IS THIS LOUSY EARWORM.

ICH BIN NICHT DICK.
NUR SCHWEREN HERZENS.

NIE SIND WIR EINER MEINUNG.
STIMMT.

GEDANKEN SIND AUCH GEFUEHLE.
NUR MIT TEXT.

WARUM HAST DU NICHTS GESAGT?
GEDACHT HOERTE ES SICH BESSER AN.

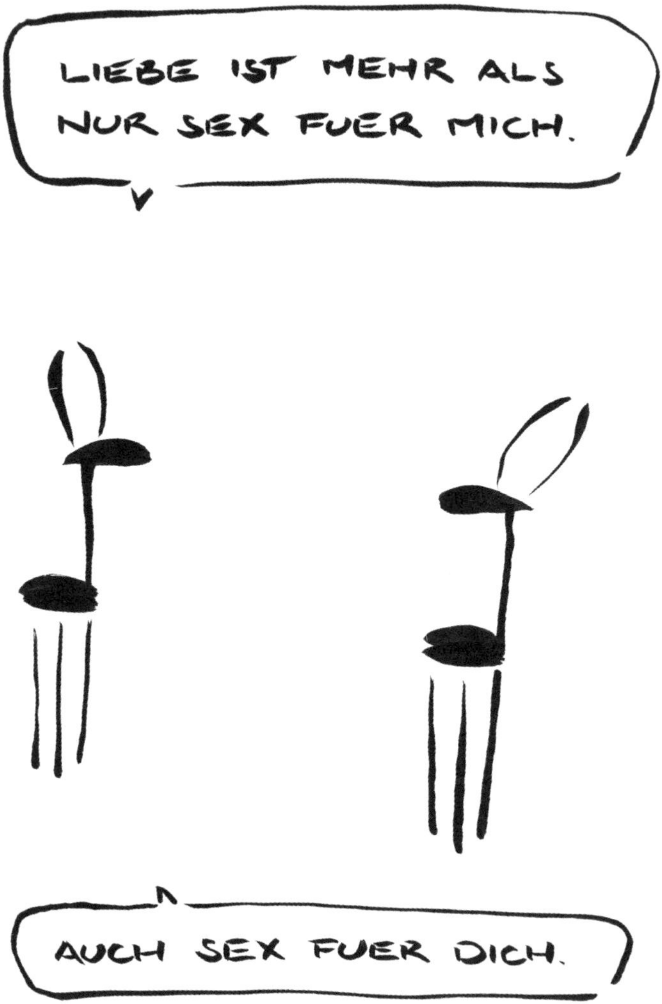
LIEBE IST MEHR ALS NUR SEX FUER MICH.
AUCH SEX FUER DICH.

WENN DU MICH WIE LUFT BEHANDELST, DANN HOER WENIGSTENS AUF ZU ATMEN.

SEIT WIR UNS NICHTS MEHR ZU SAGEN HABEN, VERSTEHEN WIR UNS VIEL BESSER.

DU BIST EIN SCHLECHTER LUEGNER!
FUER MICH SELBST REICHT'S.

FRAGST DU DICH AUCH MANCHMAL, WAS UNSERE GEMEINSAME BASIS IST?
KOHLENSTOFF.

WEISST DU, WAS ICH NICHT VERSTEHE?
MICH.

ICH SEHE WAS, WAS DU NICHT SIEHST.
UND DAS IST?
DICH.

HIERMIT ERKLAERE ICH EUCH ZU MANN UND FRAU.
ENDLICH ERKLAERT ES MAL JEMAND.

HA HA.

WO DIE LIEBE HINFAELLT.

ICH BRAUCHE ABSTAND.
BRING BIER MIT.

AN GUTEN WIE
AN ECHTEN TAGEN.

DU KANNST EINFACH NICHT MIT KRITIK UMGEHEN.
ICH HASSE DICH AUCH!

WARUM BIST DU SO KOMPLIZIERT?
DAMIT DU DIR MUEHE GIBST.

WANN WEISS ICH, OB DU MICH WIRKLICH LIEBST?
WENN DU ALT AUSSIEHST.

ICH VERLASSE DICH, ROLAND.
KANN ICH MITKOMMEN?

WIR SIND UNS FREMD GEWORDEN.
SCHOEN, SIE KENNENZULERNEN.

ICH BRAUCHE NIEMAND, DER MIR HALT GIBT.
ICH HABE KNOCHEN.

SO ZIEHEN WIR DAVON:
GLITZERNDE SPUREN DURCH DIE NACHT.
LANGSAMSTE RAKETEN DER WELT.
OH, RUEDIGER!

TRENNEN WIR UNS SOFORT ODER MACHEN WIR VORHER NOCH EINEN TANGOKURS?

ICH WERDE DICH NIE VERGESSEN, MARKUS.
THOMAS.
THOMAS.

DREI DINGE BRAUCHT DIE LIEBE: DICH UND MICH.
UND?
UND.

ROBIN THIESMEYER zeichnet **META BENE** seit 2013. Die Liebe seines Lebens traf er bereits elf Jahre zuvor, trifft sie immer noch und lebt nun mit den zwei Konsequenzen dieser Liaison in Berlin. Er studierte Kreatives Schreiben in Hildesheim, Philosophie in Bonn und den Wind in den Bäumen an sonnigen Herbsttagen.

META BENE erscheint im Lappan Verlag, in den sozialen Medien und auf **metabene.de**

UND WENN SIE NICHT GESTORBEN SIND, DANN STERBEN SIE HALT SPAETER.

1. Auflage 2023

- Originalausgabe -

ISBN 978-3-8303-3659-4

Text und Zeichnung: Robin Thiesmeyer
Lektorat: Jana Legal
Herstellung: Monika Swirski

Wir produzieren nachhaltig

- Klimaneutrales Produkt
- Papiere aus nachhaltigen und kontrollierten Quellen
- Hergestellt in Europa

FSC www.fsc.org
MIX
Papier | Fördert gute Waldnutzung
FSC® C002795

Folgt uns!
facebook.com/lappanverlag
Instagram.com/lappanverlag
www.lappan.de